藏在博物馆里的 中国历史

清朝那些事儿

有识文化 编著

成都地图出版社

成都地图出版社

目录

清代 （1636—1912 年）

清代 （1636—1912 年）

清朝时期地图

1644—1840 年

绿漆木质描金花望远镜

以凸透镜作物镜而以凹透镜
为目镜的折射望远镜，饰描
金红花绿叶。

京剧

乾隆年间，四大徽班陆续进
入北京，经过不断的交流融
合，最终形成京剧。

铜制测高弧象限仪

铜镀金纳白尔筹式手摇计算机

计算时拨动旋钮，通过纳白
尔筹算方法进行加、减、乘、
除的计算。

鸦片烟枪

烟枪是吸食鸦片，令人染上
毒瘾的主要工具，造成了巨
大的灾难。

玻璃瓶

紫檀木嵌黄杨木宝座

宝座通体紫檀木质，牙板浮雕西洋卷草和中国传统夔纹。

珐琅彩瓶

正皇帝拨专款专项用于研珐琅彩颜料，丰富了颜料种类。

金奔巴瓶

大兴安岭

长白山脉

八旗盔甲

阴山山脉

贺兰山

黄河

清

乾隆皇帝

慈禧太后

渤海

黄大洋

黄海

乾嘉学派

文风朴实简洁，重证据罗列而少理论发挥，有"朴学"之称。

长江

《康熙字典》

收录汉字四万七千零三十五个，为汉字研究的重要参考文献之一。

南东大洋

东海

南海诸岛

台湾岛

钓鱼岛

清

南海

南海

南海诸岛

受命于天

——清朝传位玉玺

"方正之间，镌刻着至高无上的皇权。"

中国古代皇帝使用的玉印称为玉玺，象征着皇帝至高无上的权力与地位。从秦始皇开始，玉玺制度被历朝历代传承着，不过玉玺的数量越来越多，体积也越来越大。

清朝皇帝的玉玺称为"御宝"。由于清前期皇帝篆刻和使用御宝较为随意，造成了管理和使用上的混乱，乾隆皇帝从清代前期皇帝使用的御宝中选定25方御宝，并且明确了这些御宝的用途和次序。乾隆皇帝还从剩余御宝中选定了"盛京十宝"，送至清朝入关前的都城盛京（今沈阳）收藏。

这方清代前期皇帝使用的传位玉玺——"大清受命之宝"，属于"盛京十宝"之一，作"以章皇序"之用。该玉玺为碧玉材质，印文分别用满文本字和汉文篆书刻

"大清受命之宝"，分列左右，印纽为尊龙，上系黄色绶带及牙牌，牙牌两面分别用满文和汉文刻"大清受命之宝匮"，表明了大清皇帝受命于天的正统身份。历史上，乾隆皇帝的私人印章也特别多，宫廷收藏的名贵字画上几乎都有他的印章，是名副其实的"盖章狂魔"。

努尔哈赤堪称满族的英雄人物。

创建八旗

努尔哈赤在统一女真各部的过程中，建立了八旗制度，八旗士兵闲时负责农业生产，战时出征。八旗制度促进了女真部族的社会经济发展，提高了军队战斗力。

统一女真

明朝时，女真一族分为建州女真、海西女真、野人女真三大部，各部处于不断分裂和混战中。后来，建州女真的首领爱新觉罗·努尔哈赤起兵统一了女真各部。

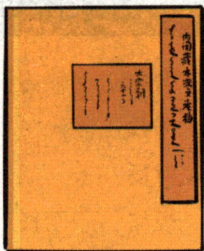

有了文字好办事

为了方便交流和发布政令，努尔哈赤命人在蒙古文字母和女真语音的基础上创制了本民族的新文字——满文。

建立后金

1616 年，努尔哈赤在赫图阿拉建国称汗，国号大金，史称后金。

努尔哈赤将松散的女真族人再度统一起来
用自己的非凡才干、刚毅沉着
激发了女真族人的活力

战略决战

努尔哈赤在萨尔浒之战中反击明军，分四路进攻，大败明军，此战是明朝与后金辽东战争中的战略决战。

尽占辽东

努尔哈赤指挥后金军大败明军，相继攻占沈阳、辽阳等 70 余城，辽河以东尽为后金所有，大明江山已不再是一个完整之躯。

迁都沈阳

努尔哈赤不顾大臣的反对，将都城迁到了沈阳，此举有利于后金的发展。

饮恨而终

在宁远之战中，努尔哈赤遭到了起兵以来最大的失败，他被明军的炮火击伤，身患毒疽，饮恨而终。

努尔哈赤的卓越功绩
为日后大清帝国的建立和
清军入关统一中原
奠定了强大的基础

山海关大战

山海关大战的胜利，拉开了清朝入主中原，建立全国统治的序幕。

多尔衮趁明朝连年与农民军交战，已呈土崩瓦解之势之机，率军逼近山海关。

山海关北依燕山，南傍渤海，城高墙坚，易守难攻，吴三桂领军在此驻守。

起初，吴三桂决意归顺李自成，但得知父亲遭农民军毒打，爱妾被夺占后，拒绝投降。

李自成派兵进攻山海关，吴三桂向多尔衮求援，清军急速向山海关进军。

吴三桂与大顺军激战于山海关城下，清军突然杀出，大顺军大败。

多尔衮命吴三桂为先导，一路追杀，直扑京城，清军乘势占领北京，取得全国政权。

建立大清

清朝逐步建立起对整个中国的统治。

族名满洲

1635 年，皇太极废除了旧有族名"女真"，定新族名为"满洲"。从此，"满洲"二字正式出现在中国的史册上。

皇太极新政

努尔哈赤死后，他的第八个儿子皇太极继位。皇太极励精图治，大刀阔斧地进行改革，加强中央集权，发展农业生产，增强了国家实力。

开拓疆土

皇太极为了巩固政权，多次出兵征讨朝鲜、蒙古，解除了战胜明朝的后顾之忧。

国号大清

1636 年，汉、满、蒙三族共呈劝进表，皇太极在盛京称帝，改国号为清。

清朝在努尔哈赤的两个儿子
皇太极和多尔衮的经营下
顺利地完成了入主中原

松锦大战

松锦大战是皇太极军事生涯中最精彩的一战，他发兵进攻明朝防线的松山、锦州等地，大败明军。此战役标志着明朝的辽东防御体系完全崩溃。

多尔衮摄政

年幼的顺治皇帝福临继位后，摄政王多尔衮辅佐朝政长达 7 年，直到他因打猎坠马跌伤而亡才结束了摄政生涯。

吴三桂降清

吴三桂是明朝山海关地区的守将，1644 年，吴三桂投降清朝，带领清军大举进入山海关内，击败李自成军队。

迁都北京

大批清军从山海关南下，占领了北京城。随后，顺治皇帝也从盛京（今沈阳）迁都到了北京，在此开启了清朝长达 260 多年的统治。

清军入关不仅改变了
清朝和满族的命运
也改变了中国和汉族的命运

剃发令

剃发令是清朝初年强迫汉人仿照满人习惯剃发的法令。

满人的发型与汉人迥异，该族男人把前额和四周头发剃光，留存的头发编成一条长辫垂下。

清政府为了消弱汉族的反抗意识，巩固清朝统治者的至高地位，颁布了"剃发令"。

嘉定百姓抵制"剃发令"，清军三次对城中平民进行大屠杀。

清政府实行高压政策，口号是
"留头不留发，留发不留头"。

汉人重视衣冠服饰，认为剃
发是极大的侮辱，因此强烈反对
与抵抗。

江阴人民誓死捍卫自己的头
发，奋起反抗，消灭了七万多清军。

万里碧空如洗
——康熙天蓝釉菊瓣尊

"大清皇帝眼中的朗朗晴天。"

天蓝釉是清朝康熙年间创烧的一种高温色釉瓷器品种，由宋代"天青"演变而来，相比较其他蓝釉颜色较浅，如同晴空的天蓝色而得名。天蓝釉烧制难度大，釉中含有钴、铜、铁、钛等金属元素，对工匠的技艺和窑温的控制具有极大的挑战。

此件天蓝釉菊瓣尊大口，短颈，腹以下逐渐收拢，底平无釉，外壁呈菊瓣形凸棱，瓷器外部施天蓝釉。菊瓣尊体形较大，器型敦实，胎质坚细，釉质均匀，釉色浅淡。康熙年间的天蓝釉瓷

器大多是文房用品，体形小巧，而这件菊瓣尊体形较大，堪称康熙时天蓝釉瓷器罕见的精品。

清朝康熙年间，国力强盛，国库充实，皇帝对瓷器情有独钟，官方不仅恢复了其他蓝釉的烧制，天蓝釉也在此时创烧了出来。天蓝釉瓷器的烧制对工匠技艺、财力、物力都是极大的考验，康熙时期被誉为清朝瓷器烧制的一个巅峰期。自此以后，清朝大量烧制天蓝釉。

文物档案

名称： 康熙天蓝釉菊瓣尊

年代： 清代

材质： 瓷

规格： 高 17.3 厘米
口径 19.1 厘米
底径 15.8 厘米

收藏地： 中国国家博物馆

千古一帝

康熙皇帝开创了康乾盛世的新局面。

平定三藩

南方的藩王势力过于强大，他们发动了以吴三桂为首的三藩之乱，康熙帝调兵遣将，用了 8 年才平定三藩。

智擒鳌拜

康熙皇帝玄烨继位时不满 8 岁，辅佐朝政的大臣鳌拜十分专横，玄烨在 16 岁时设计将他逮捕，夺回了朝政大权。

北逐沙俄

沙俄多次入侵黑龙江流域，蚕食大量的中国领土，康熙帝派军击败沙俄侵略军，维护了国家领土与主权的完整。

统一台湾

台湾的郑氏政权对东南沿海地区的威胁很大，康熙帝命施琅为主将，率军统一台湾，使台湾归入清朝的版图。

康熙皇帝以卓越的军事指挥才能
成为了统一的多民族国家的捍卫者

大破噶尔丹

天山北路的蒙古族准噶尔部在噶尔丹的统治下势力强盛，沙俄策动噶尔丹发动叛乱。康熙皇帝三次率军亲征噶尔丹，平定了叛乱，稳定了西北部边疆地区。

新生人口不收税

康熙皇帝下令以康熙五十年（1711年）的人丁数作为以后征收丁银的标准，对新生的人口不收税，减轻了广大农民的负担，有利于农业生产的发展。

学习型皇帝

康熙皇帝学贯中西，对西方科学知识有着浓厚的兴趣，他不仅聘用欧洲人为科学顾问，还自己动手研究自然科学。

康熙是一位鞠躬尽瘁的贤能天子
也是一位酷爱学习的帝王
用他的人格魅力
争取到了百姓的信任和拥护

九子夺嫡

康熙皇帝的众子中，有9个儿子发起了争夺皇位的斗争，史称"九子夺嫡"，最终胜出的是四阿哥爱新觉罗·胤禛，即雍正皇帝。

战场上的定海神针

——威远将军炮

"牢牢守护着大清的江山。"

　　火炮是一种具有大规模杀伤力的兵器，在战争中能够有效地摧毁敌军的军事设施和杀伤大量敌军，具有强大的破坏力和震慑力。

　　威远将军炮是一种大口径短身管的前装臼炮，炮筒粗而短，有六圈铁箍加强炮体结构，前粗后敛，炮中部置耳，用以支撑、平衡炮体和调整射击角度。炮身后部刻有满、汉铭文："大清康熙二十九年景山内御制威远将军，总管监造御前一等侍卫海清，监造官员外郎勒理，笔帖式巴格，匠役伊邦政、李文德。"威远将军炮以四轮木质炮车承载，发射铁壳爆炸弹。在45度射角下，火炮射程大概为1千米到1.5千米。该炮在康熙帝平定准噶尔部噶尔丹叛乱和清军其他作战中发挥了很大的作用。

康熙时期，国力强盛，火器在制造规模、数量、种类，以及火器的性能、制造工艺等方面都达到了历史高峰。威远将军炮的发明者是著名的火器专家戴梓，他仅仅用了 8 天就将威远将军炮制造出来。他还发明了一种名叫"连珠铳"的武器，也曾在 10 天之内就仿制出了荷兰的火枪，让荷兰人目瞪口呆。

文物档案

名称： 威远将军炮

年代： 清代

材质： 铜

规格： 炮长 71 厘米
口径 21 厘米

出土地： 不详

收藏地： 中国人民革命军事博物馆

康熙西征

平定准噶尔噶尔丹的叛乱之战，是一场维护祖国统一、反对民族分裂的正义战争。

噶尔丹是清代厄鲁特蒙古准噶尔部首领，一直想割据西北、统治蒙古诸部。

在沙俄的怂恿和支持下，噶尔丹兴兵进攻其他蒙古部落，与清王朝发生直接军事冲突。

在乌兰布通之战中，清军用火炮轰击准噶尔军的"驼城"，杀伤了大量准噶尔军士兵。

在昭莫多之战中，清军利用山势和密林巧布伏兵，大败噶尔丹。

经过两次大战，康熙皇帝要噶尔丹投降，但是噶尔丹负隅顽抗。

康熙皇帝率军亲征，噶尔丹众叛亲离，走投无路，兵败而亡。

身世显赫，众生仰望
——黑漆带托泥描金山水楼阁纹宝座

"古典家具诠释皇家威仪。"

《周礼》贾公彦疏："凡漆不言色者皆黑。"指原本色泽深重的生漆，具有顽强的侵蚀力，很难调制出鲜艳的颜色，所以古代的漆器以黑、红二色居多。描金是指在漆器表面，用金色描绘花纹的装饰方法，常以黑漆作底。黑漆描金能突出表现纹饰的精美与奢华。

这件黑漆带托泥描金山水楼阁纹宝座座围为五屏风式，后背三扇，两侧扶手各一扇，从上而下，线条流畅自然，错落有致。宝座纹饰精美，座面与座围规整，腿足为兽足状，威武雄伟。宝座的描金工艺高超精美，主题为山水楼阁人物，衬显

出宝座的金碧辉煌之感。此宝座造型大气雄浑，绘画功底深厚，是清初髹（xiū）漆家具中的代表之作。

清代的皇帝普遍比较节俭。当时，使用进口硬木制造家具价格高昂，而涂漆工艺制作家具价格较低，所以清代的宫廷家具中，髹漆家具占了很大的比例。

文物档案

名称： 黑漆带托泥描金
山水楼阁纹宝座

年代： 清代

材质： 木

规格： 长 125 厘米
宽 80 厘米
高 115 厘米

收藏地： 中国国家博物馆

承前启后

雍正皇帝是历史上最勤快的皇帝之一。

密折制度

雍正时期，只有经过皇帝特许的官员才有资格上密折，官员间相互告密、相互监督，强化了皇帝的专制权力。

摊丁入亩

摊丁入亩规定将历代相沿的丁银并入到田赋、地亩中一起征收，废除了中国实行两千多年的人头税，使得劳动者可以自由迁徙，促进了社会生产力的发展。

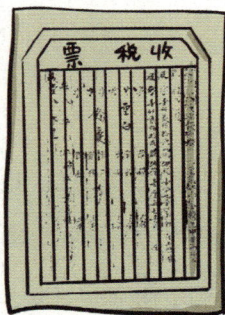

用兵西北

青海的和硕特部集结了 20 万士兵进攻西宁，雍正皇帝派兵讨伐得胜，从此青海地区完全归清政府统辖。

地主也缴税

"官绅一体当差，一体纳粮"是雍正皇帝施行的一项政策，此政策废除了官员、地主的免税特权，规定他们必须缴纳赋税。

雍正皇帝从九子夺嫡的重围中脱颖而出
他通过一系列大刀阔斧的改革
解决了康熙末期遗留的社会问题

重农轻商

雍正皇帝继续施行发展生产、鼓励开荒的政策，以致工商业的发展受到了一定的抑制，被人们认为是"末业"。

皇帝也信佛

青年时代的雍正皇帝喜欢阅读佛家典籍，与僧侣交朋友。晚年的他还在宫中做法会，亲自收门徒。

时髦皇帝

雍正是一位紧跟时尚的皇帝，他是中国有史以来第一个穿洋装的皇帝，在闲暇之时爱喝欧洲的葡萄酒。

工作狂

雍正皇帝以勤政著称，在位13年，一共批阅了四万一千六百余件奏折，平均每天要批阅大约十件。

他针对社会现实，结合自己的理想
制定了政治纲领
在康乾盛世局面中
起到了承前启后的作用

故宫三大殿

故宫三大殿是整个故宫的核心，象征了封建社会的最高权力。

故宫三大殿是指太和殿、中和殿和保和殿。故宫有内外朝之分，三大殿属于"外朝"。三大殿是皇帝行使权力或者举行盛典时用的宫殿。

太和殿又可以称为金銮殿，红墙黄瓦，在阳光下金碧辉煌，是故宫最壮观的建筑之一，也是中国最大的木构殿宇。清朝皇帝都在太和殿举行盛大典礼，清初还曾在太和殿举行新进士的殿试。太和殿因为建筑高大，屡次遭遇雷击而焚毁，今天我们看到的太和殿是康熙年间重建的。

中和殿位于太和殿、保和殿之间，是皇帝去太和殿参加大典之前休息和接受主持大典官员朝拜的地方。皇帝参与祭天和祭农等典礼之前，也会在这里阅览祭文，查验农具和种子。

保和殿在中和殿之后，清代每年除夕、正月十五，皇帝会在这里赐宴王公大臣。乾隆时期，皇帝的亲家宴会、官员家属宴会和每科殿试均于保和殿举行。

三大殿坐北朝南，装饰华丽，屋顶多用金黄色琉璃瓦，门窗立柱采用朱红色，石雕石阶为白玉色，形成鲜明的色彩对比，既是中国建筑艺术的顶尖代表，也是中国文明的历史见证。

太和殿

中和殿

保和殿

繁复华丽的酒器

——乾隆款金胎錾胎珐琅嵌画珐琅执壶

"皇家宫廷盛宴是如此的淋漓尽致。"

执壶是一种酒器，最初造型是由青铜器演化而来，南北朝后出现青瓷类执壶，明清时期，开始出现玉、金银等材质的执壶。

这件执壶壶身以黄金为胎底，壶柄弯曲，呈如意状，盖顶镶嵌红珊瑚，壶盖与壶柄以金链连接，壶嘴与壶体焊接一端装饰张口龙首，壶身刻花纹，以绿色珐琅填充。腹部两面勾勒出桃花形空间，空间内描绘有西洋女子图像。盖、颈、肩、腹、足等处绘有大小、形状各异的花枝，以及山水风景图案。壶底双方框内錾刻"乾隆年制"款。

　　錾胎珐琅技术大约于元代进入中国，画珐琅技术于清代康熙、雍正时期从欧洲引进，普遍流行于乾隆时期。此壶造型沿用明代金执壶样式，花纹图案以西洋人物为主，并间以传统的山水花卉纹，是一件中西合璧的皇家艺术珍品。乾隆时期是珐琅器的繁荣时期，此时清代宫廷生产的珐琅器，色彩明艳，装饰精美，具有浓厚的皇家气息，由此可以看出当时清朝的强盛国力。

文物档案

名称： 乾隆款金胎錾胎珐琅
　　　　嵌画珐琅执壶
年代： 清代
材质： 黄金
规格： 通高 18.8 厘米
　　　　口径 2.8 厘米
　　　　足径 3.9 厘米
收藏地： 故宫博物院

盛世顶峰

乾隆皇帝将康乾盛世推向鼎盛。

官员也考试

乾隆皇帝进一步完善了考核官吏的"京察"、"大计"制度，连过去那些不用考核的官员，乾隆帝也要考绩。

普免钱粮

乾隆皇帝重视社会的稳定，关心受灾的难民，在位期间先后五次普免天下钱粮，三免八省漕粮，减轻了广大农民的负担。

回归的蒙古人

伏尔加河下游地区的蒙古族土尔扈特部首领渥巴锡率领部族人民，摆脱了沙俄的统治，冲破了沙俄军队的围追堵截，历经艰险，万里跋涉，终于回到了故土。

统一新疆

乾隆皇帝先出兵粉碎了准噶尔贵族的割据势力，后又平定了天山南路的大小和卓叛乱，从此将新疆稳固置于中央政府直接管辖之下。

粥赈制度

粥赈是国家救灾制度的重要措施。乾隆皇帝时，详细规定了粥厂的数量、管理人员，以及领粥、食粥的顺序等，使该制度达到了中国粥赈制度史上的顶峰。

宠信和珅

大臣和珅深得乾隆皇帝的宠信，是一人之下、万人之上的权臣，他十分贪婪，公开受贿，身家富可敌国，被人们称作"二皇帝"。

开疆拓土，稳定边疆
奠定了中华版图
却丝毫没有察觉到世界已经大变
盛世之下潜伏着巨大的危机
清王朝已处在近代变革的前夜

乾隆皇帝重视农业生产
人口急剧增长

六下江南

乾隆皇帝在位 60 年，曾六次下江南巡视，皇帝所到之处劳民伤财，开支巨大。

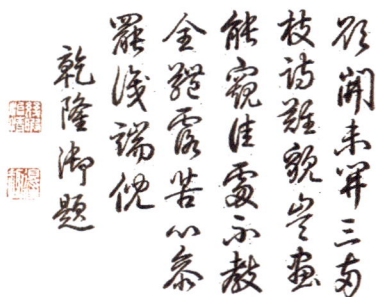

高产诗人

乾隆皇帝酷爱写诗，一生中写下了四万余首诗，数量与《全唐诗》中收录的所有唐诗数量相当。

皇家狩猎场

清朝皇帝举行秋猎活动，用以保持八旗官兵传统的骁勇善战和淳朴刻苦的本色。

为了举行秋猎，清政府还专门在内蒙古和察哈尔蒙古的接壤处设置了木兰围场。

围场的范围相当大，这里林木葱郁，水草茂盛，群兽容易聚以繁殖。

清代皇帝每年秋天到木兰围场习武狩猎，这是皇帝演练骑射的一种方式。

清政府在北京至围场的沿途设置了许多行宫，其中最重要的就是热河行宫。

清军八旗官兵可以在这里施展马上骑射技艺，以此博得皇帝的赞赏。

皇帝可以借每年的秋猎，在那里定期接见蒙古的王公贵族，以便巩固和发展满蒙关系。

来自皇帝的恩赐

——清黄绸团龙人宝棉马褂

"拥有这件衣服的主人，享受着莫大的荣耀。"

清朝皇帝在宫廷朝会及宴会活动中会身着不同的礼服、吉服、行服等服饰，王公贵族和文武官员也要跟随皇帝的穿着。按清朝规定，马褂也是皇帝行服的一种，因为皇帝制衣多用明黄色，所以常有"黄马褂"之说。

除皇帝外,特赐的御前侍卫、官员等可穿用黄马褂，如御前大臣、内大臣、内廷大臣、侍卫领班等。

黄马褂是清朝时期一种尊贵的服饰，是尊贵地位的象征。一般来说，皇帝的御前侍卫所穿的黄马褂更像是

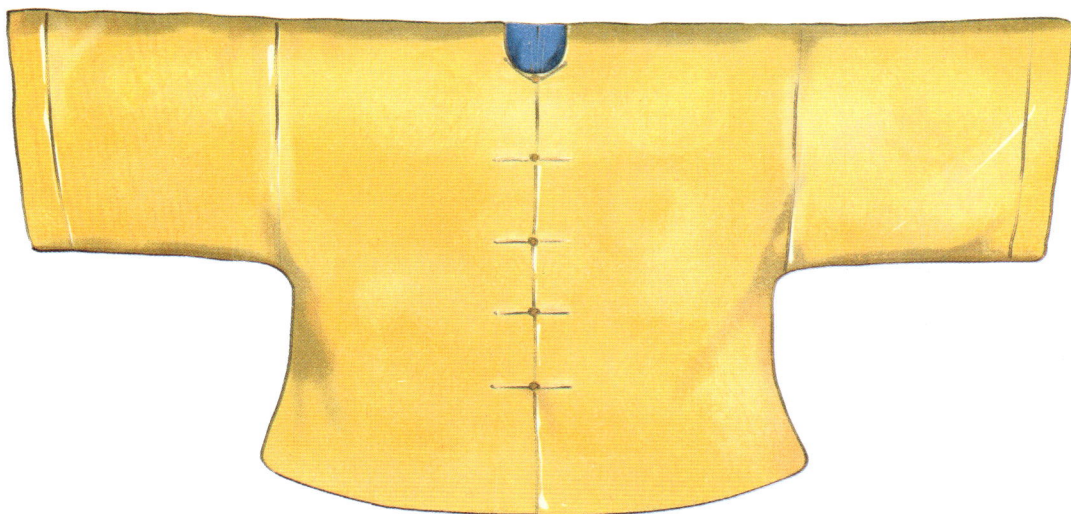

工作服，下班离职就不能再穿，而皇帝赏赐给有功人员的黄马褂"含金量"则高得多，一切庄重或典重的场合都可以穿，甚至见官大三级。

黄绸团龙人宝棉马褂是典型的黄马褂样式，黄色缎面上满绣团形二龙戏珠及云朵纹，圆领，对襟式，平袖，袖长及肘，三开裾，有圆铜扣5枚，里面为蓝色绸里。

文物档案

名称： 清黄绸团龙人宝棉马褂

年代： 清代

材质： 绸缎、棉

规格： 不详

收藏地： 沈阳故宫博物院

民族关系

民族政策是清代政策体系的重要组成部分。

满族的优越感

满洲人在清朝入主中原、南征北战的过程中立下了汗马功劳，被清朝皇帝视为国家根本、朝廷柱石，在政治权力上享有优势地位。

汉人要重用

清政府尊崇儒学，沿袭传统开设了科举，状元这一最高殊荣几乎全部给了汉族的读书人，汉族官员在巩固清朝统治中起到了关键作用。

分化蒙古

盟旗制度是清朝为分化蒙古族，控制其贵族势力而实行的政治制度。清政府还在蒙古诸部大力扶植推广喇嘛教，有效收揽了人心，维护了蒙古地区的安定局面。

稳定新疆

清政府在新疆实行屯田政策，促进了新疆农业生产的发展。在发展农业生产的同时，各民族之间的贸易往来也日益频繁。

清政府要求各民族承认
由满洲贵族建立的清王朝为政治正统
为了处理好与汉人的关系
提出"满汉一家"的口号

西藏政策

清朝对西藏的管理举措有册封制度、金瓶掣签制度和设置驻藏大臣等，其中的金瓶掣签制度一直延续至今。

管理西南

雍正时期，国力强盛，政府加强对西南少数民族地区的统治，在西南大规模推行"改土归流"政策，逐步取消土司世袭制度。

接见少数民族首领

康熙、乾隆、嘉庆年间，曾多次在承德避暑山庄会见、宴请少数民族王公贵族及政教首领。

开发台湾

清朝统一台湾后，大量汉族人迁往台湾，加速了台湾的经济开发。高山族与汉族互通贸易，使台湾的经济得到了较快的发展。

清政府以积极态度
管理边疆各民族
有力地维护了
多民族国家的统一和社会的稳定

贵妇身份的象征
——金镶石珠指甲套

"女性对美的追求永无止境。"

指甲套又称为"护指"和"金驱"。清宫里的贵妇们使用装饰精美的指甲套，用来保护她们细长的指甲不被劈裂折断。指甲套材质丰富，有金、银、玳瑁、珐琅等，采用錾刻、锤揲、焊接、镂、累丝、镶嵌等手法制作而成。

金镶石珠指甲套用细金丝编织焊接而成，上部呈弧形，套环图案上点缀五朵兰花，兰花由珍珠串和红绿宝石组成，用点翠装饰兰叶。指甲套是镂空的，这样可以保持空气流通，夏季佩戴不至于使手指憋闷。整个指甲套修长秀丽，做工精细，十分华贵。

据史料记载，到了咸丰皇帝时，后宫嫔妃开始频繁使用指甲套。嫔妃等级越高，指甲套就会越精致，选材就会越奢华，指甲套逐渐

成为了清宫贵妇身份地位的象征。

　　慈禧太后算得上是一位美甲达人，她的两根无名指和小指的指甲，最长的有两寸来长，为了修饰保护好这些手指甲，她每天要用药水浸泡和修理。为了避免指甲折断，晚上临睡前要套上锦缎套子，白天戴上特制的指甲套，华贵至极。

文物档案

名称：金镶石珠指甲套
年代：清代
材质：金、宝石
规格：长10厘米
收藏地：中国国家博物馆

一块石头里的故事
——会昌九老图玉山

"精雕细刻，只为对福寿的追求。"

会昌九老图玉山完成于清代乾隆年间，整体呈青色，体形硕大，由一整块新疆和田青玉雕刻而成，底部安有铜座。工匠以立体雕刻的方法，按高低、远近比例，以镂雕、深浅浮雕等多种技法雕琢成四面相通的山水人物图景。玉山上的人物雕刻得活灵活现，图中有的老者在桥上交谈，有的老翁正在对弈，有的老者执杖登山，有的老者极目远眺，还有老者盘腿抚琴，画中苍山青松层次分明，画面和谐自然，体现了工匠高超的雕刻手艺，可谓鬼斧神工。

玉山图案取材于宋代画家李公麟的名作《会昌九老图》，描绘的是唐代会昌五年（845年），大诗人白居易、胡杲、吉皎、卢贞、张浑、刘真、李元爽、郑据、释如满，这9位老人会聚于河南香山

游玩的故事。他们的年龄均已超过 70 岁，民间常说"人生七十古来稀"，这样的聚会真可谓世间仅有。

在乾隆皇帝 75 岁这年，玉匠运用高超的技艺把这一令人神往的故事雕琢在这件大型玉山上，作为祝福皇帝长寿的贺礼而进贡，深受乾隆皇帝喜爱。

文物档案

名称：会昌九老图玉山

年代：清代

材质：玉

规格：通座高 145 厘米
最大周长 245 厘米
重 832 千克

收藏地：故宫博物院

嘉道中衰

嘉庆道光之时，"盛世"已是徒有虚名。

白莲教起义

白莲教是民间的一种秘密宗教结社。嘉庆年间爆发了大规模的白莲教起义，此次起义前后持续了9年，大大削弱了清政府的实力。

诛杀和珅

嘉庆皇帝在乾隆皇帝的大丧期间，果断惩治了贪婪无尽的权臣和珅，逼迫和珅自杀谢罪，并未大规模牵连百官。

天理教起义

河南、山东、直隶等地爆发了天理教起义，北京的天理教教徒甚至攻入了紫禁城，嘉庆皇帝大为震怒。

节俭的皇帝

道光皇帝为人十分节俭，他上朝时穿着打补丁的衣服，看到官员衣着光鲜，就会露出不悦之色。

封建统治的腐朽没落
预示着清王朝日渐衰落的命运
阶级矛盾、民族矛盾迅速激化
起义的烈火迅速燃遍了大江南北

走私鸦片

道光年间，英国为了扭转在对华贸易中的不利局面，向中国大量走私鸦片，毒害中国人民，导致中国的白银外流。

虎门销烟

道光皇帝命林则徐前往广东查禁鸦片，林则徐果断出击，在虎门海滩集中销毁了缴获的 2 万多箱鸦片，大快人心。

英国人的报复

英国政府以虎门销烟等事件为借口，派出远征军入侵中国。清军不敌英军，鸦片战争以中国失败并赔款割地告终。中英双方签订了中国历史上第一个不平等条约《南京条约》。

三元里抗英

广州市郊外三元里村民自发抵抗英军的入侵，这是中国近代史上人民第一次自发的大规模抵抗外国侵略的斗争。

鸦片战争中英国人的炮火
轰塌了这个老旧帝国的美梦
《南京条约》上屈辱的墨迹
打开了天朝的国门

清如玉壶冰，贞见玉壶春

——青花竹石芭蕉纹玉壶春瓶

"幸福祥瑞与山石花草的完美结合。"

玉壶春瓶定型于北宋时期，在当时是一种装酒的器具，后来逐渐演变成一种观赏性的瓷器。到了明清，玉壶春瓶成为了官窑烧制的传统品种。

青花竹石芭蕉纹玉壶春瓶口沿外敞如喇叭状，颈部长而收窄，圆腹下垂。颈部绘蕉叶纹，下绘卷草和变形如意云纹，近处绘变形莲瓣。瓶腹部画有挺拔的湖石，翠竹随风摇曳，芭蕉依石而立，栏杆外的兰花、萱草生机勃勃，竞相开放，庭院内生趣盎然。萱草又称忘忧草，

兰花和翠竹是古代四君子之一，芭蕉直立高大，叶片是植物中最大的，"叶大"寓意"家大业大"，深受文人喜爱。山石、翠竹、蕉叶、萱草、兰花寓意高雅清玄，构成了一幅寓意吉祥的"五瑞图"，寓意深刻。

这件青花竹石芭蕉纹玉壶春瓶是清代咸丰年间的青花瓷，仿于永乐青花竹石芭蕉纹玉壶春瓶，但较明代的器物颈变粗短，腹部加大，是清代晚期玉壶春瓶的标准式样。咸丰年间，国力衰败，英法联军入侵，太平天国席卷南方，大量官窑被毁，所以咸丰年间青花瓷器传世稀少。

风雨飘摇

清朝末年，中国正面临严重的内外危机。

第二次鸦片战争

英、法两国为了获得更大的利益，再次借口发动了侵华战争，英法联军攻入北京后，皇帝逃跑。

太平天国

洪秀全和他的铁杆追随者在广西金田村起义，建立"太平天国"，席卷南方，波及全国，是中国历史上规模最宏大的一次农民战争。

火烧圆明园

英法联军攻占北京后，占据圆明园，掠夺了大量的珍贵宝物，并在掠夺一空后纵火烧毁。

趁火打劫

沙俄趁清政府焦头烂额之际，先后强迫清政府割让了150多万平方千米的领土，成为了第二次鸦片战争期间最大的获利者。

慈禧掌权

咸丰帝病逝后，慈禧太后联合恭亲王奕䜣发动政变，实行垂帘听政，掌握了国家的实权。

回光返照

同治皇帝在位时期，清朝的国力得到了一定的恢复和发展，加上太平天国起义军逐渐被消灭，清朝再度出现了安定的局面。

西方的船坚炮利
深深刺痛了清朝官员的心
他们掀起了一场声势浩大的自救运动
来挽救清王朝衰败的命运
但事实并没有向他们期望的方向发展

西方列强汹涌而至
太平天国运动掏空了清政府的骨血
领土大片沦丧
王朝的根基正在崩塌

抬棺出征

中亚的阿古柏入侵新疆，盘踞新疆大部，清军将领左宗棠年近七旬，抬着棺材出征，最终收复了新疆。

中法战争

法国侵略越南进而侵略中国，软弱的清政府不败而败，法国不胜而胜，清政府承认法国吞并越南。自此，中国的西南门户大开。

慈禧太后

慈禧太后是晚清的重要政治人物，是清朝晚期的实际统治者。

咸丰帝驾崩后，慈禧太后联合恭亲王发动政变，夺取了政权，实行垂帘听政。

慈禧太后的政治手腕干练，同治和光绪两位皇帝在她手中形同傀儡。

慈禧太后重用汉族重臣，开展洋务运动，发展近代工业，造就"同治中兴"的气象。

她掌权期间，多次签订屈辱的不平等条约，国家主权一步步沦丧。

她也有柔情的一面，上朝前一定要在象牙雕花镜前细细打量自己一番。

碰到气恼的事情，慈禧太后极爱扮作观音模样，因为这会让她平静。

洋务运动

这是一场由统治阶级主导的自救运动。

自强求富

洋务派以"自强"为口号，引进西方先进生产技术，创办了近代军事工业；后来他们又提出"求富"的口号，近代民用企业逐渐发展起来。

代表人物

洋务派的中央代表人物是恭亲王奕䜣，地方代表人物有曾国藩、李鸿章、左宗棠、张之洞等人。

最大军火工厂

李鸿章在上海创办江南机器制造总局，是洋务派开设的规模最大的近代军事工业，但是其管理效率低，成本过高。

北洋水师

李鸿章在山东威海卫建立了北洋水师，是当时亚洲最强大的海军舰队，也是洋务运动的最大军事成果之一。

海军的摇篮

为了发展近代海军，清政府在福州马尾设立了船政衙门，并开设造船厂和船政学堂，迈出建立近代海军的第一步。

京师同文馆

京师同文馆是清末第一所官办外语专门学校，初以培养外语翻译、洋务人才为目的，后又添设算学馆。

股份制企业

轮船招商局是中国第一家近代民用企业，由李鸿章发起创办，企业由商人出资，合股的资本为商人所有，公司设有专门的规范章程和管理制度。

选派留学生

为了学习西方先进的科技来改变清政府的落后面貌，洋务派发起了留学运动。讽刺的是，部分留学生成为了清王朝的掘墓人。

但是顽固的封建传统思想
反对进行任何形式的变革
最终毁掉了这场"自强"的迷梦

圆明园的往事
——圆明园十二生肖兽首铜像

"屈辱的历史不能重演。"

圆明园十二生肖兽首铜像原为圆明园海晏堂外的喷泉的一部分。第二次鸦片战争期间，英法联军侵略中国，将圆明园付之一炬，兽首铜像自此流失海外。

十二生肖兽首铜像，铸工精细，兽首上的褶皱和绒毛等细微处，都清晰逼真，表现得十分细腻。铸造兽首所选用的材料为当时宫廷精炼的红铜，外表色泽深沉、内蕴精光，历经百年而不锈蚀，堪称一绝。当年，十二生肖兽首铜像排列在圆明园海晏堂前的水池边，自动喷水报时，被人们称为"水力钟"。十二生肖兽首铜像由中国宫廷匠师制造，设计者是来自意大利的郎世宁，监修者是来自法国的蒋友仁。这些来自欧洲的艺术家在设计建造时充分考虑了中国的文化，使得铜像既符合中国

的传统审美，也融合了西方造型艺术的特点。

目前，牛首、猴首、虎首、猪首、鼠首、兔首、马首等7尊圆明园流失兽首铜像通过不同的方式回归祖国，剩余5尊仍然下落不明。十二生肖兽首铜像诉说着一段屈辱的历史，圆明园的毁灭，兽首的遗失，警醒着我们：勿忘国耻。

文物档案

名称： 圆明园十二生肖
兽首铜像

年代： 清代

材质： 铜

规格： 规格不一

收藏地： 保利艺术博物馆
（5件）
中国国家博物馆
（2件）

侵略与抗争

中国成为帝国主义列强争相瓜分的目标。

瓜分中国

甲午中日战争之后，帝国主义列强纷纷在中国强租租借地，划分"势力范围"，践踏中国的领土与主权，使中国面临亡国灭种的危险。

甲午中日战争

1894年，日本在丰岛海面袭击清军运兵船，挑起战争，清军仓皇迎战。战争最后以中国战败告终，清政府被迫签订《马关条约》。

门户开放

在瓜分中国狂潮中来晚一步的美国，向列强提出：在你们的势力范围内，我也要享有同等的权利。

戊戌变法

以康有为、梁启超为代表的维新派人士通过光绪帝进行政治改革运动，但遭到了以慈禧太后为首的守旧派的强烈抵制与反对，历时103天的变法最终失败。

对日战争的惨败
进一步暴露了清政府的虚弱
列强开始疯狂掠夺中国

义和团运动

外国传教士在中国各地胡作非为，引起了人民大众的激烈反抗，爆发了义和团运动，其口号是"扶清灭洋"。

八国联军侵华

为镇压义和团运动，英、美、俄、日、法、德、意、奥八国组织联军发兵中国。占领北京后，逼迫清政府签订了丧权辱国的《辛丑条约》，中国完全陷入半殖民地半封建社会的深渊。

东南互保

东南各省总督和巡抚为了保住自己的经济利益，不服从清政府对外宣战的命令，发起了东南互保，使得清廷颜面扫地，革命势力得到发展。

日俄战争

日本和俄国为争夺朝鲜半岛和中国东北地区的控制权爆发了战争，此战争主要是在中国的东北地区进行的。

清政府再次失去了人民的信任
民众联合起来进行了殊死斗争
以保卫祖国领土主权完整
维持民族的生存

圆明园

圆明园位于北京西北郊，与颐和园相邻，由圆明园、长春园和绮春园组成，也叫圆明三园，是清朝著名的皇家园林之一。

圆明园的面积达 5200 余亩，园内有 150 余景，有"万园之园"之称。

圆明园于 1860 年遭英法联军焚毁，文物被掠夺的数量粗略统计约有 150 万件。

圆明园的人工喷泉时称"水法"，园内有谐奇趣、海晏堂和大水法三处大型喷泉群。

圆明园内珍藏了无数珍宝，堪称人类文化的宝库之一。

圆明园集古今中外园林艺术之大成，是中国乃至世界建筑艺术和文化的典范。

海晏堂的喷水池排列着十二生肖人身兽头铜像。每昼夜十二个时辰，由十二生肖依次轮流喷水，正午时，十二铜像口中同时喷射泉水，俗称"水力钟"。

海晏堂是园内最大的一处欧式园林景观。"海晏"一词取意"河清海晏，国泰民安"，寓意着天下太平。

龙袍角带在天朝
——太平天国黄底绣龙马褂

"华服上翻腾的四龙，彰显了太平天国森严的等级。"

马褂是一种穿在袍服外的短衣，因为穿着便于骑马而得名，之后逐渐演变为一种礼仪性的服装。太平天国黄底绣龙马褂用黄缎彩线绣成，在前胸、后背、两袖之上各绣有一条团龙，威武精神，正反面绣满朵云和蝙蝠，马褂下摆绣有牡丹，下摆以及袖口边缘绣福山海水纹，彰显富贵命运。整件黄底绣龙马褂色彩绚丽，技艺精湛，纹样装饰性强。

太平天国是中国唯一具备服饰制度的农民政权，等级严明，他们十分鄙视清朝服饰，宁愿穿着戏班的服装出外行军打仗，所以太平天国的服饰在传统的基础上，又有了很大的创新。比如太平天国很多高级将领都拥有绣金龙袍，并且龙袍之上的绣龙数量较多。根据史料记载，太平天国马褂分为

红黄两色，并以颜色来区分职位。

　　这件太平天国黄底绣龙马褂据说是贵州按察使席宝田在江西俘获幼天王洪天贵福时所得，席宝田视其为珍宝，传之后代子孙。后来，席宝田的后代将这件黄底绣龙马褂捐献给国家，是目前仅存的天平天国高级官员服饰。

文物档案

名称：太平天国黄底绣龙马褂

年代：清代

材质：黄缎

规格：衣长 59 厘米

　　　下摆宽 77 厘米

　　　袖长 132 厘米

　　　袖口宽 33 厘米

收藏地：太平天国历史博物馆

太平天国起义

太平天国起义是中国历史上规模最大的农民起义。

鸦片战争后，清朝统治日益腐败，外国势力的入侵加重了人民的苦难。

洪秀全在广西传播"拜上帝会"，两年多时间发展会众两千多人，拜上帝会与地方政府的矛盾日渐加深。

洪秀全在金田起义，定国号太平天国。不久，洪秀全称"天王"，攻克永安后分封"五王"。

太平军一路北上，接连击败清军，最后攻取南京，改名为天京。

清军与太平军频繁交战，曾国藩率领的湘军是打败太平军的主力。

太平天国坚持了14年，势力扩展到17省，有力地打击了清朝的腐朽统治。

玲珑精巧，匠心独运
——翡翠蝈蝈白菜

"蔬菜和草虫向我们展示着最美好的寓意。"

翡翠是玉的一种，又称缅甸玉。从中国的玉雕用料历史来看，翡翠出现时间较晚，到了清代，大量翡翠进入中国。由于翡翠色泽莹润，质地坚硬，受到王公贵族的青睐。因此，清代翡翠玉雕作品得以大量出现。

这件珍藏于天津博物馆的翡翠蝈蝈白菜是清代玉雕的佳作。雕刻翡翠蝈蝈白菜的原料，天然含有白、绿、黄三种颜色，心灵手巧的玉匠想象独特，巧妙构思，大胆地将黄褐色保留在菜帮之上，像极了冬天白菜经历了霜冻之后的状态，所以翡翠蝈蝈白菜又有一个"冻白菜"的别名。

翠玉白菜的叶脉分明，叶片翻卷自然，形象逼真。工匠利用玉料上的翠绿色，雕刻了一对肥腹的蝈蝈和1只螳螂，这3只昆虫好像

在边爬边啃菜叶,惟妙惟肖。整个作品清新自然,刀法简约,逼真度高,远远看去与真正的白菜相差无几。

在古代,"白菜"与"百财"谐音,在人们看来有聚财招财的寓意;"蝈"与"国"音近,寓意国家富足有财。翡翠蝈蝈白菜,寓意国富民强。

革命浪潮

辛亥革命敲响了清王朝的丧钟。

清末新政

《辛丑条约》对清政府打击巨大，在慈禧太后的默许下，清政府在军事、官制、法律、商业、教育和社会等方面进行了一系列改革，但没有取得太大进展。

传播革命思想

清代末期涌现了一大批革命家和思想家，大量进步知识分子创办报刊，民主革命思想在中国传播开来。

建立兴中会

孙中山立志推翻清政府的腐朽统治，在美国檀香山创建了中国第一个民主革命团体——兴中会。

革命大同盟

为了利于革命斗争，孙中山联合兴中会、华兴会、光复会等革命团体的成员，成立了中国同盟会，这是中国第一个资产阶级革命政党。

革命思想的传播
引起了风起云涌的革命浪潮
孙中山成为了革命的领军人物
无数革命志士接受革命的洗礼和启蒙

女侠秋瑾

秋瑾是中国同盟会的成员，她一生投身于推翻清王朝的斗争中。安庆起义失败后，秋瑾被捕，从容就义。

黄花岗起义

黄兴领导革命者在广州发动了起义，攻下两广总督衙门，却因寡不敌众，起义最终失败。

保路运动

为了反对清政府出卖铁路主权，四川、湖南等地人民率先发动了声势浩大的保路运动。这次保路运动，为武昌起义的胜利创造了条件。

辛亥革命

革命党人发动的武昌起义是辛亥革命的开端，使清朝逐步走向灭亡。1912年1月1日，中华民国临时政府成立。1912年2月12日，宣统帝下诏退位，清朝的统治结束。

不畏牺牲
前仆后继
推翻了清王朝的黑暗统治
结束了中国两千多年的君主专制制度

辛亥革命

辛亥革命开创了完全意义上的近代民族民主革命，打开了中国进步潮流的闸门。

1911 年 10 月 10 日晚，新军工程第八营的革命党人熊秉坤打响了武昌起义的第一枪。

汉阳、汉口的革命党人分别于 10 月 11 日夜、10 月 12 日攻占汉阳和汉口。

起义军控制武汉三镇后，成立
湖北军政府，黎元洪被推举为都督。

1912 年 1 月 1 日，孙中山正式就
中华民国临时大总统，宣告中华民国
政府成立。

1912 年 2 月 12 日，宣统
帝溥仪发布退位诏书，清朝灭
亡，结束了统治中国两千多年
的君主专制制度。

汲来江水烹新茗

——清青花加金彩山水人物纹茶具一组

"这套回流的茶具，向世界展示着中华精致的生活方式。"

中国是茶的故乡，茶文化源远流长，延续数千年。古代中国饮茶之风盛行，茶具更是种类繁多。清代的饮茶之法和茶器形制与明代相比，没有太大的变化，陶瓷茶具仍然是清代茶具的主流。不过，康雍乾三朝皇帝非常爱好饮茶，清朝兴盛时期的茶具，在制作工艺、色彩搭配、装饰技法方面，有了新的突破，使清代茶具异彩纷呈。

这组精美的茶具是从海外回流的，由茶壶、茶叶罐、茶杯及盏托组合而成，是清代乾隆时期外销至欧洲的茶具。这组茶具的造型是传统的中国式，胎釉上色技法依循传统的手法，茶具图案是中国山水画。茶具以金彩描边，具有典型的欧式风格，是一组融汇中西特色的茶具。

茶叶曾作为商品大量外销，欧洲国家的大规模海上贸易使得茶叶需求量攀升，茶具的需求量也大大增加。当时，茶非常昂贵，仅作为欧洲宫廷贵族和豪门世家养生和社交的奢侈品。一些富裕的家庭主妇，都以家中拥有精致的茶室、珍贵的茶叶和精美的茶具为炫耀的资本，这组茶具想必就是通过海上贸易到达了欧洲。

文物档案

名称：清青花加金彩山水人物纹茶具一组

年代：清代

材质：瓷

规格：规格不一

出土地：不详

收藏地：中国茶叶博物馆

政治制度

清朝的政治制度仍是以皇权为核心。

词臣俱乐部

南书房原是康熙皇帝读书的地方。后选内廷词臣入直南书房，随侍皇帝左右，讲论诗文，进而影响皇帝的决策。

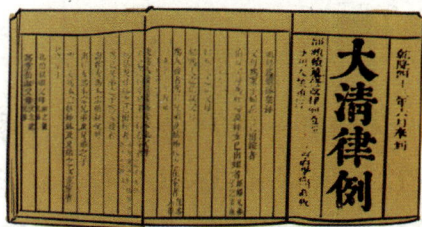

议政王大臣会议

清朝前期，满族宗王、八旗、贝勒等上层贵族参与处理国政，权力很大，他们决定的事务连皇帝也不能改变，后来这项制度被乾隆皇帝废除。

八旗驻防

清入关以前，已有八旗驻防之设。清统治全国以后，分为畿辅驻防、东三省驻防和各直省驻防。畿辅驻防守卫京师附近地区，各省驻防多为省会或重镇。

《大清律例》

清军入关后，政府开始着手法典的制定，经过多位皇帝的努力，乾隆皇帝时期颁布了《大清律例》，是清代最为系统、最具代表性的成文法典。

军机处

雍正帝设立军机处，协助处理军务，后来成为中枢政务机构。军机大臣完全秉承皇帝意旨参与军政事务，进一步加强了君主专制制度。

总理各国事务衙门

19世纪后期，清政府为适应当时内忧外患的局面而设立了外交机构——总理各国事务衙门，是中国第一个正式的外交常设机构。

清朝没有出现宦官、外戚和权臣
独揽朝政的现象
但是皇帝的独裁使社会失去了活力
政治机制必将进入衰老解体的阶段

通过康雍乾三代帝王的经营
君主专制达到了顶峰
专制皇权空前强化
防范制度完善

秘密立储

雍正皇帝在位时不公开宣布继承人，而是将写有继承人名字的诏书，一式两份分别置于乾清宫内"正大光明"匾额的背后和自己的身边，待他驾崩后，大臣共同拆启传位诏书，确立新君。

责任内阁

宣统年间，清政府宣布废除军机处，实行责任内阁制，在内阁成员中任命内阁总理大臣。由于内阁成员多半是皇族，也被称为"皇族内阁"。

称起世间的公道人心
——天平秤

"毫厘的差异，也不能逃离它的准则。"

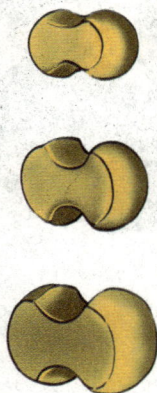

天平秤是一种用来称重量的工具，一端放置砝码，砝码大小不一，各有一定重量；另一端有一个托盘，用来放置被称的物品。晚清民国时期，在一些大城市的钱庄里，常常能见到天平秤，它多用于称银两重量。

这件秤由底座、支架、秤盘、横梁及18个砝码组成。底座呈箱形，由红木制成，上下两层抽屉，其左右两侧各装有铜质拉环。支架用铸铁制成，略有锈蚀，插于底座中央，用于固定秤盘。此件天平秤所配砝码是铜质

的，均呈元宝形，重量从 1 钱到 50 两不等。该天平秤做工精巧，保存完好。铜砝码不用时，可以放于底座内的抽屉中保存。

清代的钱庄大都分布在长江流域和江南各大城市，生意兴隆，规模巨大。

天平秤是做"大买卖"必不可少的工具，为清朝商业经济的发展提供了至关重要的金融服务支撑，天平秤也成为了诚实守信、公平交易精神的象征。

文物档案

名称： 天平秤

年代： 清代

材质： 木、铜、铁

规格： 不详

出土地： 不详

收藏地： 江汉关博物馆

清朝经济

清朝的封建经济发展到一个新的高峰。

兴修水利

清政府大力兴修水利，耕地面积逐渐增加，江南、湖广与四川等地的土地比中原肥沃许多。

高产的粮食

清朝时期，江南很多地区种植双季稻，珠江流域甚至在种植三季稻，粮食产量大大地提高。

湖广熟，天下足

清朝时期，朝廷在湖南、湖北等地采取奖励垦荒、劝课农桑等措施，极大地刺激了粮食产量的增加，湖南、湖北成为新的商品粮基地。

发达的纺织业

清代江南地区棉纺织业日益发达，棉纺织工具有了显著的改进，技术也有了新的提高。当时的棉纺织业以松江地区最为发达，技术最好。

统治者实行奖励垦荒、豁免钱粮的政策
使农业发展水平达到顶峰

金融业

乾隆时期，许多市镇出现了专门经营汇兑、放贷和存款业务的"票号"，街上的当铺也随处可见。

十大商帮

清朝的商业十分发达，商人分成十大商帮。其中晋商、徽商支配金融业，闽商、潮商掌握海外贸易业，晋商掌控着全国银号。

海禁政策

清政府实行有限的海外贸易政策。乾隆时期只开放广州一处作为对外通商口岸，广州十三行是清政府指定专营对外贸易的垄断机构。

外国银行

甲午中日战争后，清政府无力支付巨额赔款，列强纷纷增设银行，逼迫清政府向他们借高利贷。

商品经济空前活跃
出现了许多专门化的
经济作物地区和新式作坊
新型的劳动关系也随之出现

罐子里的艺术品

——白玉瓜瓞（dié）式鼻烟壶

"毫底包罗万象，壶中尽纳乾坤。"

鼻烟壶是盛鼻烟的容器，小巧玲珑，可用手握，携带方便。鼻烟是一种烟草制品，明末清初自欧洲传入中国。此后，吸闻鼻烟在中国各阶层大为流行，同时鼻烟盒的制作也迅速地融入了中国的艺术风格，发展出制作精良、款式多样的各式鼻烟壶，在清代美学工艺上独树一帜。

这件鼻烟壶的外形为瓜形，用白玉雕刻而成，呈半透明状，在瓜蒂部位钻一小口，内部掏空，用以贮存鼻烟。由于白玉质地较坚硬，开口又小，所以掏空内部困难，极为考验工匠的技艺。鼻烟壶的外部，采用浮雕技术刻画出小瓜、藤叶和蝴蝶，栩栩如生。《诗经》中说"瓜瓞绵绵"，"蝶"与"瓞"谐音，所以将瓜与蝶在一起的图案称为"瓜瓞绵绵"，

寓意枝繁叶茂，人丁兴旺。

在清代，封建贵族生活奢靡，他们所使用的鼻烟壶用料名贵，取材无所不包，并请技艺精湛的工匠为他们设计、制造，鼻烟壶成了他们炫耀身份的物品。鼻烟壶集中国绘画、书法、雕刻等艺术于一体，被视为集中国工艺美术之大成的袖珍艺术。

科学技术

清代的科技有着西方科技的影子。

《皇舆全览图》

康熙皇帝组织人力对全国进行测量，制作了《皇舆全览图》。这次测量首次运用了三角测量、梯形投影法等，不仅奠定了中国地理学、测绘学的基础，对世界地理学也是一大贡献。

《医宗金鉴》

乾隆时期官修的《医宗金鉴》征集了不少新的秘籍及经验良方，是一部介绍中医临床经验的重要著作。

天文历法

西方传教士采用欧洲先进的方法和制度，制定了更加先进的历法《时宪历》，还制成一批天文仪器。

万园之园

清朝皇帝酷爱修建园林，前后经历了 150 余年，耗费巨额银两的圆明园十分奢华，体现了中国古代造园艺术的精华。

西学的传播
给中国带来了不一样的科学视角
科技创新多了一些另类
但更多的科学技术被顽固的高层
称为"奇技淫巧"

中国照相机之父

清代物理学家邹伯奇从 17 岁开始研究光学，他独立发明并制成了中国第一台照相机，比欧洲只晚了 5 年。

《化学鉴原》

《化学鉴原》是由清代化学家徐寿翻译的近代化学理论教科书，徐寿确定的许多化学元素名称至今仍在使用。

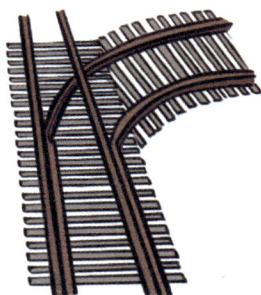

京张铁路

詹天佑克服了一道道难关，主持修建了工程非常艰巨的京张铁路，该铁路是中国人自行设计和修建的第一条干线铁路。

中国航空之父

冯如是中国第一位飞机设计师、制造师和飞行家，由他设计制造的飞机获得过国际飞行比赛的第一名。

在闭关锁国的路上
中国从领先世界变成了
愚昧无知的代名词

满载吉祥的艺术品
——青玉浮雕仙山楼阁如意

"千雕万刻，惟愿一切皆如意。"

如意是中国古代的一种法器，寓意心想事成，同时还是一种工艺宝品，外形和灵芝相似，材质多样。如意的起源与我们日常生活中所使用的挠痒工具有密切关联，搔之可如意，故称如意。

青玉浮雕仙山楼阁如意由一整块玉雕成，属于直柄式如意，庄重威严。如意柄上系有黄色丝穗。花头面用浅浮雕技法雕琢出仙山楼阁图案，故事取意于西王母蟠桃会；柄中部雕刻有腾云驾雾的神仙；如意尾部烧染呈黄褐色，上面雕刻祥云和

蝙蝠图案，祥云表示祥和、吉祥，"蝙蝠"与"遍福"谐音，"遍福"有福运绵长无边之意，寓意深远。

如意制作工艺在清代达到了登峰造极的地步，地位也空前提升，如意在宫廷中得到了最广泛的应用。一件小小的"如意"，是集宫廷礼仪、民间往来、陈设赏玩为一体的珍贵之物。这件如意也成为当时上层社会追求安逸、享乐的见证。

文物档案

名称：青玉浮雕仙山楼阁如意

年代：清代

材质：玉

规格：不详

收藏地：辽宁省博物馆

思想学术

激烈的社会变革引发了近代思想的浪潮。

京师大学堂

京师大学堂，是戊戌维新运动中，清政府创办的学校，是中国第一所由中央政府建立的综合性大学，也是国家教育行政机关。

文字狱

清朝统治者非常注重从思想领域严密控制知识分子，经常从知识分子的作品中摘取字句，罗织罪名，构成冤狱，使得中国人"言论自由"的程度大为倒退。

三大思想家

王夫之、顾炎武和黄宗羲并称为清初三大思想家，他们提出了许多人本主义论点，如反对君主专制，提高商人地位，以及重实践、轻理论的实用主义。

考据学

考据学是一种治学方法，也是中国一门土生土长的学问。考据学者重证据、实事求是，对社会科学产生了重要的影响。

红学

红学是专门研究《红楼梦》的学问，横跨文学、哲学、史学、经济学、心理学和中医药学等多个学科。

研究甲骨文

刘鹗将他所收藏的精品甲骨文片编辑成《铁云藏龟》，本书对于认识甲骨文具有非常重大的帮助，奠定了甲骨文研究的基础。

西方的思想观念涌入中国
人们要寻找一种方法
来解决文化的冲突
于是就有了
第一批睁眼看世界的中国人

清初统治者大兴文字狱
导致了思想文化的没落
造成了万马齐喑的局面

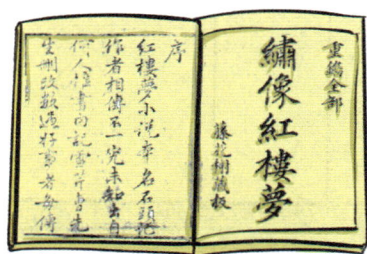

睁眼看世界

魏源倡导学习西方先进的科学技术，提出了"师夷长技以制夷"的主张，开启了了解世界、向西方学习的新潮流，是近代中国"睁眼看世界"的首批代表人物。

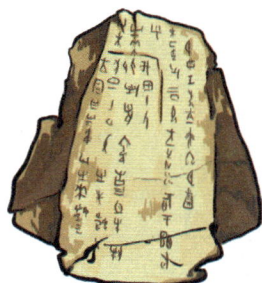

启蒙思想家

严复是著名的翻译家、教育家，他翻译了英国生物学家赫胥黎的《进化与伦理》，宣传"物竞天择，适者生存"的观点。

科举考试

科举制度是封建时代所能采取的较公平的人才选拔形式。

清朝人在求功名的科举路上，要经过考取生员、考取举人、考取贡士和考取进士这四个步骤。在这一过程中，要经过多次考试。

科举考试的内容主要是八股文。八股文测试的主要内容是经义，且题目和写作的方式都是有一定格式的。

贡院是科举考试时乡试或会试使用的场所，分布着数千间低矮的考棚。

考试时监考很严，考生进贡院大门时，要进行严格的搜身，以防考生身上藏有"小抄"。

考试中如果发现作弊考生，轻则取消考试资格，重则发配边疆，甚至处以极刑。

到了清代，科举从内容到形式，对读书人的思想限制越来越严，阻碍了社会发展。

文学艺术

清朝文化是由满族文化与以汉族文化为主导的其他文化互相冲突与融合而成的。

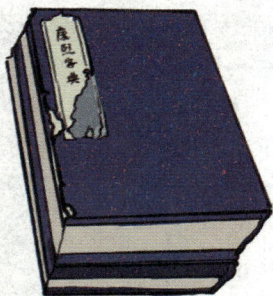

《四库全书》

在乾隆皇帝的主持下，耗时 13 年，由纪晓岚等人编成的《四库全书》是中国古代最大的文化工程。

《康熙字典》

《康熙字典》是清朝康熙年间出版的图书，采用部首检字和笔画检字方法，是中国第一部以字典命名的汉字辞书。

《儒林外史》

《儒林外史》是由清代吴敬梓创作的长篇小说，是中国古典讽刺小说的代表之作。

《红楼梦》

《红楼梦》是中国古典四大名著之一，是一部具有世界级影响力的人情小说，也是中国古典小说的巅峰之作。

鬼狐有性格

清朝小说家蒲松龄创作的文言短篇小说集《聊斋志异》，叙述了鬼神怪异之事，表现了强烈的反封建礼教的精神。

扬州八怪

康熙至乾隆年间，一批活跃于扬州的书画家因书画风格异于常人，不落俗套，被称作"扬州八怪"。

社会百象
世态炎凉
在这些艺术作品里
表现得淋漓尽致

康熙、乾隆两位皇帝大力推行
以儒学为代表的汉文化
社会变革与商业的刺激
使得清朝文学多元发展
其中小说的成就巨大

京剧诞生

乾隆年间，四大徽班通过不断的交流，吸收和融合其他剧种的曲调和表演方法，最终形成京剧，影响甚广，有"国剧"之称。

诗界革命

清朝时期的诗歌呈现衰落趋势，梁启超等人想要挽救中国诗歌日益衰落的命运，发起了"诗界革命"。

形影不离

——珐琅彩婴戏纹双连瓶

"群童嬉戏，寄托着每个家庭对美好生活的向往。"

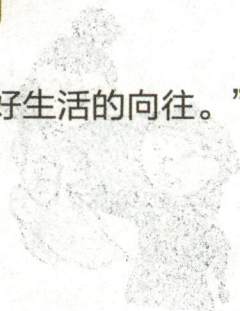

双连瓶又称连体瓶或合欢瓶，它的瓶体通常是两瓶的腹部粘连在一起或自口至底通体相连，是清代乾隆年间流行的瓶式之一。

珐琅彩婴戏纹双连瓶是景德镇官窑专为宫廷烧制的瓷器，瓶呈双连式，瓶口似浅洗，口上附有描金双钮连盖，盖面彩绘垂叶纹饰，盖口合于瓶口之内，口边及足边均以淡绿色彩料描绘折枝菊花纹。肩部向下倾斜，肩以下收敛，近足处微外撇。肩部、足部皆以胭脂红地璎珞纹、磬纹装饰。全器用珐琅彩和粉彩涂绘而成，纹饰描绘细致严谨，制作精巧。

双连瓶腹部主题纹饰为婴戏图，描绘了正在游戏玩耍的儿童，一组为四婴戏三羊，寓意"三阳开泰"；一组为九子嬉戏，其中一个小童怀抱宝瓶，5只红色的

蝙蝠从瓶中飞出，寓意"福在眼前"。孩童共有 13 人，神态各异，充满童真，寓意"多子多福"。

　　婴戏图是瓷器装饰纹样之一，是传统吉祥纹饰中的一个重要代表，主要描绘古代儿童嬉戏玩耍的活动场景。在古代传统封建思想中，传宗接代观念深入人心，工匠在瓷器上描绘婴戏图，以表达人们对子孙满堂的美好向往。

文物档案

名称： 珐琅彩婴戏纹双连瓶
年代： 清代
材质： 瓷
规格： 通高 21.4 厘米
　　　　口径 9~5.2 厘米
　　　　足径 10~6 厘米
收藏地： 故宫博物院

社会风俗

入主中原的清朝统治者带来了他们的社会风俗。

满族宗教

萨满教是满族人民长期以来的宗教信仰，萨满被他们认为是神与人之间的联系人，可以将人的祈求、愿望转达给神，也可以将神的意志传达给人，这使萨满具有了神秘色彩。

服装和发型

清朝律法规定军民要穿满族服装，禁穿汉服，并强令汉族男子按满族习俗改变发式，剃去前额发，把剩余头发编成辫子。

太极拳

太极拳创始于清初，有陈（陈王廷）、杨（杨露禅）、吴（吴鉴泉）等流派。其套路和推手，在手法和步法方面基本一致，但在架式和劲力上，各派有不同的特点。

宗族法规

清代，宗族在政府的支持下，制定了更多、更详细的族规来管理族人，祠堂族长的审判权、族法的合理性都得到了政府的承认。

清政府制定了一系列有别于明代的
社会生活与行为规范、礼仪、禁忌的法令
在西方资本主义列强的侵略下
中国被迫大开国门

见面有礼节

打拱作揖之礼，多见于平级官员
和平辈人之间。刚见面的双方，要双
手打拱，弯腰低头，有时甚至要一揖
到地。

豪华盛宴

满汉全席兴起于清代，一共有 108
道菜式，是集满族与汉族菜肴之精华而
形成的历史上较著名的中华大宴。

西式楼房

随着西方文化的渗透，全国各大城
市的西式楼房比比皆是，其外形方正高
耸，坚固整齐。

跳舞的伴奏

晚清时期，人们在一些社交场合跳
舞时，开始用留声机播放舞曲，或者用
钢琴等西洋乐器来伴奏。

西方的生活方式与风俗的传播
使得中国的社会生活习俗
呈现出近代化的新特色

清代历史大事记

1636—1912 年

1644 年 **1661—1662 年** **1683 年** **1726 年**

迁都北京

多尔衮率领大批清军从山海关南下，占领了北京城。随后，顺治帝迁都北京，在此开启了清朝长达 260 多年的统治。

收复台湾

郑成功出兵收复了失地台湾，被荷兰占据了 38 年的台湾，重回祖国怀抱。

统一台湾

台湾的郑氏政权对东南沿海地区的威胁很大，康熙帝命施琅率军统一台湾，使台湾归入清朝的版图。

改土归流

雍正时期，清政府在西南大规模推行"改土归流"政策，逐步取消土司世袭制度。

1771年

1840 年

1861年

1898 年

回归的蒙古人

蒙古族土尔扈特部首领渥巴锡率领部族摆脱了沙俄的统治，历经艰险，万里跋涉，终于回到了故土。

鸦片战争

英国政府以虎门销烟事件为借口，出兵侵华，清政府惨败，与英国签订了不平等条约《南京条约》。

总理各国事务衙门

清政府设立了外交机构——总理各国事务衙门，这是中国第一个正式的外交常设机构。

戊戌变法

康有为、梁启超等人在光绪帝的支持下倡导改革运动，遭到了以慈禧太后为首的守旧派的反对，最终失败。

图书在版编目（CIP）数据

藏在博物馆里的中国历史·清朝那些事儿 / 有识文
化，成都地图出版社编著；李红萍绘 . -- 成都：成都地
图出版社有限公司，2022.3
ISBN 978-7-5557-1857-4

Ⅰ. ①藏⋯ Ⅱ. ①有⋯ ②成⋯ ③李⋯ Ⅲ. ①中国历史—
清代—通俗读物 Ⅳ . ① K209

中国版本图书馆 CIP 数据核字（2021）第 263599 号

藏在博物馆里的中国历史·清朝那些事儿
CANG ZAI BOWUGUAN LI DE ZHONGGUO LISHI · QINGCHAO NAXIE SHIR

策　　划	唐艳
主　　编	鄢来勇　刘国强　黄博文
副 主 编	姚　虹　范玲娜　唐艳
责任编辑	陈红　魏玲玲
审　　校	魏小奎　吴朝香　王颖　赖红英　田帅
责任校对	向贵香
审　　订	肖圣中　邹水杰　毋有江　李春燕　李青青
	聂永芳　刘国强　姚虹　张忠　程海港
出版发行	成都地图出版社有限公司
印　　刷	运河（唐山）印务有限公司
经　　销	全国各地新华书店
开　　本	880 毫米 × 1230 毫米　1/16
印　　张	6
字　　数	80 千字
版　　次	2022 年 3 月第 1 版
印　　次	2022 年 3 月第 1 次印刷
书　　号	ISBN 978-7-5557-1857-4
审 图 号	GS（2021）8905 号
定　　价	36.00 元